Pour Jo...
tes
bo
d
Sa ... un
peu de travail pour
toi là-dedans !

poésies

Il te faudra ton
dictionnaire !

Bill X

poésies

poèmes et chansonnettes
2014-2017

Bill Homewood
2021

Mimosa Books
1 Castle Banks
Lewes BN7 1UZ
www.mimosabooks.eu

© *Poèmes individuels: Bill Homewood 2017*
© *Ce recueil: Mimosa Books 2017*
Tous droits réservés
ISBN: 978-1542543736

Photo « Balade avec les Ânes »
Willis Homewood

... pour Mireille ...

… ma garrigue …
… que je vous suis reconnaissant …

TABLE DES MATIÈRES

Hors Douceur, le Parfum Cru	3
Chanson en Temps de Guerre	7
Crime de Guerre	11
Et ses Yeux étaient Fiers	12
Les Enfants de Gaza	21
Un P'tit Mot pour Xavier	24
Numéro Deux, Rue du Roi	25

PLAISIRS PERDUS

L'imperfection n'est qu'une perception, non? Notre amie La Nostalgie - provoquée surtout par la musique et les odeurs, même le parfum subtil et légèrement fétide d'une jonquille – nous mène aux couloirs d'antan à la recherche de plaisirs perdus.

HORS DOUCEUR,

LE PARFUM CRU DE CETTE JONQUILLE...

... pourrait être une menace, tant que ça tripote
Des points éraillés de mémoire à peine réparée,
Tant que ça risque la révélation d'ombres froides
Derrière les regrets, de douleur
Au fond de la nostalgie ;

... pourrait être une promesse, tant que ça pimente
Les demains vides, vides,
Tant que ça enlumine les esquisses impassibles,
Des notes qui se fanent
Sur un agenda mi-blanc ;

... pourrait être un fait, tant qu'à sa présence infinie,
Tant qu'à sa finalité,
Tant qu'à lui-même, lui-même sans raison,
Tant qu'à son insolence non programmée,
Tant qu'à son imperfection, crue et parfaite.

AVOIR C'EST PERDRE...

... donc perdre c'est avoir.
L'amour et le chagrin sont des âmes-sœurs.
On les remercie de leur diligence.
Voilà.

CHANSON EN TEMPS DE GUERRE

Je sais c'que font les amants en temps de guerre,
Il est toujours temps de guerre lorsque je pleure ;
Toujours des coups de feu fouettent mon ombre,
Et maintenant j'esquive et puis je dors.

Ô l'herbe parfois est verte puis l'herbe est blême,
Les ciels parfois sont moches et puis sont beaux ;
Il s'agit de la tristesse, notre amour,
Et des poignées de cercueil ornent mon dos.

Je sais c'que font les amants en temps de guerre,
C'est pour l'amour et non la guerre que je pleure ;
J'entends toujours le glas quand je t'embrasse,
Et maintenant j'adore et puis je meurs.

GAZA 2014

CRIME DE GUERRE

Qu'est-ce qui passe par-dessus sa cervelle,
Monsieur le Général,
Quand il signe l'ordre ?
Sa gloire ?

Qu'est-ce qui passe par-dessus sa cervelle,
L'artilleur,
Quand il appuie sur la gâchette ?
Sa mission ?

Qu'est-ce qui passe par-dessus sa cervelle,
L'enfant,
En regardant le soldat ?
Une balle.

Pour les enfants de Gaza, juillet 2014

ET SES YEUX ÉTAIENT FIERS

Elle s'est agenouillée comme ordonnée,

Les genoux burinés de cailloux.

Sa robe déchirée

Et sa gorge connaissait le vent.

Le désert devant elle,

La mer derrière son dos,

Au-delà des portails bloqués

De la réserve.

Le soleil du matin saignait,

L'air puait l'abattage.

Elle n'avait aucune parole pour son ravisseur

Et point ne lui était demandée.

Le vent venu de l'Est,

De la Cité de Paix,

Caressait sa gorge,

Et secouait ses cheveux.

Elle avait été emprisonnée,

Ses fils et ses filles étaient morts,

Tout son peuple parti ou en deuil ;

Elle avait été ravie,

Elle avait été cassée,

Son corps était déchiqueté,

Elle n'avait plus rien à offrir

Que sa gorge noire.

Et le vent venait de Jérusalem,

Et le vent était Jérusalem,

La Cité de Paix,

Et Jérusalem s'agitait,

Et le vent était en colère,

Et punissait les oliviers.

Jérusalem grognait et montrait les dents,

Et ses crocs étaient longs,

Et elle se levait

Comme un carnassier énorme

Et battait sa poitrine et rugissait,

Et le vent était la fureur.

Elle se pavanait jusqu'à la cage de sa captive

Où le pain d'hier était éparpillé

Et les gosses jouaient dans la boue

De la plage de la mer gardée ;

Où les hommes faisaient des tas de pierres

Et creusaient des terriers au-dessous des murs,

Prenaient leurs cailloux idiots

Et grouillaient par-dessus des tunnels

Afin de les lancer vers l'Est

Et puis rentrer en foule idiote,

Et les femmes cousaient et s'inquiétaient,

Et rêvaient de l'air et des rires.

Jérusalem était un ouragan de rage,

Tellement noir que le soleil en avait peur,

La terre tremblait

Et les oiseaux étaient muets.

Et elle tourbillonnait au-dessus de la fille,

En l'arrosant de haine.

Oui, Jérusalem était masquée,

Mais ses yeux étaient durs,

Tout vengeance, tout luxure !

Toujours, la captive contemplait avec fierté

A travers ses terrains,

Quoique le vent raclant fouettait sa gorge.

Les hommes lançaient des rochers à la bête,
Les femmes jetaient des pierres,
Les garçons, les filles, balançaient leurs cailloux
Qui voltigeaient au ras du sable.
Ensuite la main élégante de Jérusalem
Avec des ongles fauchants, lustrants,
Piquait comme un faucon du ciel,
Soudain, si vite, si terrifiante,
Et arrachait et balafrait,
Et saisissait et écrasait et tailladait ;
Ô, Jérusalem hurlait
Et crissait sa vengeance.

Peu après deux mille reposaient dans du sang,
Et les barres de la prison étaient glissantes.
Les serres luisantes de Jérusalem
Griffaient un J dans le sable,
Le sable rubis, et grattaient
Et fouillaient des trésors
Dans les décombres, et prenaient la fille,
Et ligotaient ses mains derrière son dos,
Et la faisaient trainer jusqu'à cet endroit
Où désormais elle regardait vers l'Est,
L'orage brûlant sur ses os
Et la lame aiguisée du vent à sa gorge.

La fille était Gaza.

Et tandis que ses cheveux y étaient empoignés,

Et tandis que sa gorge y était coupée,

Et tandis que sa tête y était sectionnée,

Et tandis que son corps y trainait mou,

Son âme pure et blanche se tenait debout,

Mains déliées,

Et regardait toujours vers l'Est,

Au-delà des portails trempés de sang,

Vers la Cité de Paix.

Et son cœur était fort,

Et ses yeux étaient fiers.

LES ENFANTS DE GAZA

Pour les chansons non-chantées
Des larmes
Pour les danses non-dansées
Des larmes
Pour les bourgeons cueillis
Les œufs volés des nids
Des larmes
Des larmes
Et des larmes

Juillet 2014

DEUX PETITES CHANSONNETTES

UN P'TIT MOT POUR XAVIER

Le But

Le pas c'est agréable,
Le petit trot tranquille,
Le trot enlevé valable,
Le canter très chichi -

Mais bien sans honte, je vous avoue
Qu'un super-grand galop est tout!

NUMERO DEUX, RUE DU ROI

Numéro Deux
Rue du Roi,
Vieille maison
Sans toit.

Toute désolée ?
Non – n'ayez pas peur -
J'ai perdu mon chapeau,
Mais bien gardé mon cœur !

L'auteur

"...une insouciance contrôlée que j'envie beaucoup, et une gaieté oscillante qui est tout à fait authentique..."

Le défunt Poète Lauréat des Etats-Unis Sir Stephen Spender, au sujet de la poésie de Bill Homewood

Le générique étendu de Bill Homewood comprend *THEATRICAL LETTERS* (Marginalia Press 1995) ; *UNDER THE BLUE* (Mimosa Books 2015) ; des scenarios innumérables commandés de théâtre, de cinéma et de télévision ; des articles de magazines/journaux et des poèmes. Récemment (2016) il a traduit TERRE DES HOMMES de St Exupéry (*LAND OF MEN*, Ukemi Audiobooks), et 35 des plus grands poèmes français (*GREAT FRENCH POEMS*, Ukemi AudioBooks). Il a deux fois tenu la Chaire Eminente en Etudes Théâtrales à l'Université Atlantique de Floride, et il est Citoyen d'Honneur de Austin, Texas. Comme comédien, il a énormément travaillé avec le Royal Shakespeare Company d'Angleterre et il a enregistré 35 romans classiques pour Naxos AudioBooks, parmi lesquels *LES MISÉRABLES, NOTRE DAME DE PARIS, LE ROUGE ET LE NOIR, L'HOMME AU MASQUE DE FER, LE COMTE DE MONTE CRISTO, GARGANTUA ET PANTAGRUEL*. Bill et son épouse, l'actrice Estelle Kohler, habitent dans le sud de la France avec leurs chevaux et leurs chiens.

www.billhomewood.com

Printed in Poland
by Amazon Fulfillment
Poland Sp. z o.o., Wrocław